rororo

rororo

Amelie Fichte
Volker Sponholz

Ohne dich
bin ich nur halb

Rowohlt Taschenbuch Verlag

Lilja und Antoni stehen am Bahnhof. Es ist wie jeden
Sonntag. Antoni reibt sich unglücklich die Nase,
Lilja reibt sich die Tränen aus den Augenwinkeln.
Lilja hasst Sonntage. Der Zug kommt.

Letztes Jahr waren sie noch ein normales Paar.
Sie hatten *eine* Wohnung, *ein* Bett, *ein* Leben.
In diesem Jahr ist alles anders.
Sie sind jetzt ein modernes Paar.
Lilja macht Karriere, und Antoni macht seinen Job.

Es könnte alles so schön sein, wenn sie abends durch dieselbe Wohnungstür nach Hause kämen, wenn die Besucherritze in ihrem Bett nicht zweihundert Kilometer breit wäre und sie nicht viereinhalb Tage pro Woche zwei Leben hätten anstatt eines.

Wie sie es auch drehen und wenden: Ihr Leben
hat sich verändert. Was eben noch nah war, ist
jetzt fern. Was gestern noch Liebe hieß, heißt jetzt
Beziehung. Aber Antoni liebt Lilja. Und Lilja liebt
eben *auch* ihren Job.

Lilja sitzt im Zug und rechnet nach. Noch 108 Stunden bis Freitagmittag. 6480 Minuten. Das sind 72 Fußballspiele. Eine ganze Weltmeisterschaft könnte man in dieser Zeit austragen. Lilja hasst Fußball.

Am Montag hat sie einen Streit mit ihrem neuen Chef, weil er sie beim Träumen erwischt. Träumen wird doch noch erlaubt sein, denkt Lilja. Aber sie muss sich geirrt haben. Auf ihrem Schreibtisch türmen sich die Briefe.

Am Dienstag kocht ihr morgens die Milch über.
Den ganzen Tag steht das Telefon nicht still.
Abends klingen ihr die Ohren.
Man wird doch wohl einfach mal seine Ruhe haben dürfen, denkt Lilja.
Aber davon kann sie nur träumen.

Am Mittwoch scheint die klare Oktobersonne in die Küche. Sie wärmt Lilja sanft den Pelz. Im Radio kommt Antonis Lieblingslied. Ohne dich bin ich nur die Hälfte, denkt Lilja. Und was ist man schon als halbes Schaf?
Sie fasst einen Plan. Denn wer einen Plan hat, hat ein Ziel, denkt sie und ist zum ersten Mal in dieser Woche richtig glücklich.

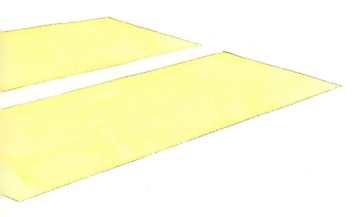

Am Donnerstag meldet sich Lilja krank.
Soll die Karriere doch warten! Sie holt ihr kleines
Köfferchen vom Dachboden und packt.
Sie stellt sich Antonis überraschtes Gesicht vor,
wenn er die Tür aufmacht und sie beiläufig sagt:
«Ich war gerade in der Gegend.»
Lilja liebt Überraschungen.

Die Zugfahrt erscheint ihr noch länger als sonst. Mit jedem Kilometer, den sie Antoni näher kommt, wächst ihre Ungeduld. Ihr Herz schlägt im Dreivierteltakt.

Pünktlich zu Antonis Feierabend steht sie vor der Tür. Sie klingelt. Und klingelt. Und klingelt noch einmal.

Keiner da. Damit hatte sie nicht gerechnet.
Was für eine Enttäuschung.

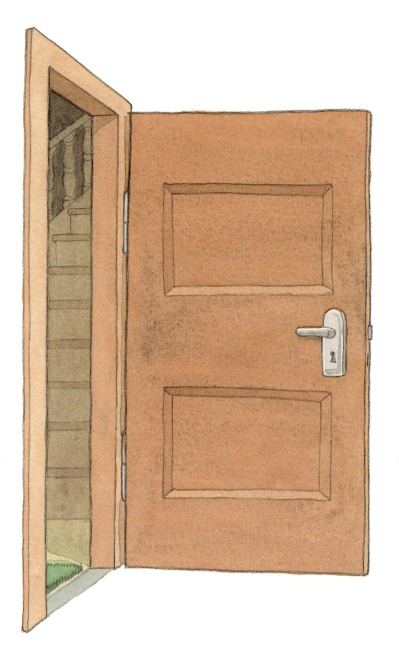

Sie sucht ihren Schlüssel.
Die Wohnung empfängt sie still und groß.
Es ist kalt. Es ist sehr aufgeräumt.
Lilja wartet.

Vielleicht ist Antoni ja noch ein Feierabendbier trinken gegangen, denkt Lilja, hat er ja auch verdient, so viel, wie er arbeiten muss.

Sie schaltet den Fernseher ein. Nach einer halben Stunde langweilt sie das Programm. Sie geht in die Küche.

Er lenkt sich von der Einsamkeit ab, denkt Lilja nach einer Stunde, vielleicht hilft er wieder diesem neuen Kollegen, der kennt ja hier niemanden. Und was sollte Antoni auch zu Hause, wenn sonst keiner da ist? Es ist ja nicht verboten, sich mal ein bisschen zu amüsieren. Sie deckt den Tisch.

Hoffentlich ist ihm nichts passiert, denkt Lilja nach zwei Stunden und hält aus dem Fenster nach einem Polizei- oder Krankenwagen Ausschau.

Nichts. Das Essen, das sie gekocht hat, wird langsam kalt.

Er ist vergnügungssüchtig, denkt Lilja nach drei Stunden. Kein Wunder, dass er immer müde ist. Von wegen überarbeitet. Vielleicht ist der neue Kollege gar nicht so einsam und außerdem schneeweiß und äußerst langbeinig? Ihr wird eiskalt. Sie kippt die Nudeln weg.

Vielleicht hat er gar nicht vor, wieder nach Hause zu kommen, denkt Lilja nach vier Stunden. Vielleicht ... vielleicht ...
Sie räumt das Geschirr zusammen, dass es nur so kracht.

Nach fünf Stunden hat Lilja die Nase voll. Nicht mit mir, mein Lieber, denkt sie wütend, nicht mit mir. Und sie nimmt ihren Koffer.

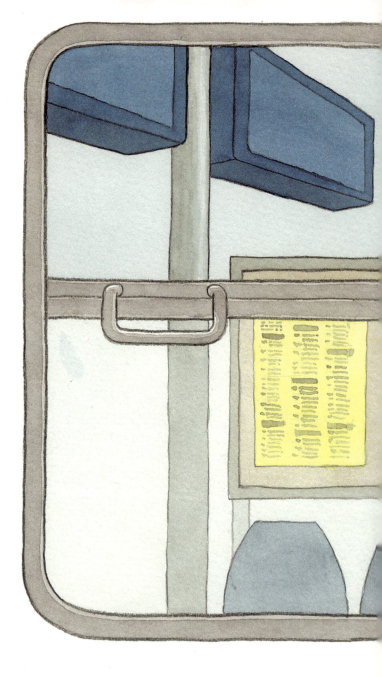

Sie geht zum Bahnhof und besteigt den letzten Zug nach Süden. Langsam rollt er an. Am Gleis steht niemand und winkt.
Erst da fängt Lilja an zu weinen.

Lilja starrt hinaus in die Dunkelheit. Der Regen schlägt gegen die Scheiben. Sie ist verzweifelt. Doch je länger sie grübelt, umso überzeugter ist sie: Antoni hat eine andere.

Gestern schon war er am Telefon so merkwürdig gewesen, irgendwie ungeduldig. Und sie dachte, es wäre Vorfreude. Dabei ...
Und so jemandem hat sie vertraut! Lilja ist bis ins Mark gekränkt.

Sie hätte es wissen
müssen. Es steht in jeder
Frauenzeitschrift: Fernbeziehungen
scheitern früher oder später an Entfremdung. Zu wenig Nähe, zu viel Distanz. Zu viel Tele
und zu wenig Kommunikation. Die mussten ja wissen,
worüber sie schrieben. Kerl *oder* Karriere. Wie hatte sie
sich einbilden können, bei ihr sei es anders?

Frostige Kälte kriecht ihr unter das Fell.
Ohne dass sie es gemerkt hat, ist sie auf ihrer kleinen
Eisscholle davongetrieben, weit weg von Antoni.

Um sie herum nichts als Einöde und weit und breit niemand, der sie versteht.

Aus dem Lautsprecher dröhnt verzerrt die Stimme des Schaffners: «Meine Damen und Herren, in Kürze erreichen wir Stenschlucht. Unser nächster Halt ist Stenschlucht. Dieser Zug endet hier. Wir bitten alle Reisenden auszusteigen.»

Lilja schreckt hoch. Sehnsucht? Endstation? Es ist nicht mehr zu leugnen. Die ganze Welt reibt es ihr unter die Nase, selbst der Schaffner weiß Bescheid: *Endstation. Fini. Vorbei. The End.*

Ohne dass sie weiß, wie es zugegangen ist, findet sie sich auf einem schlecht beleuchteten Bahnsteig wieder. Es riecht nach Gleisen und Frittierfett. Lilja hasst Bahnhöfe. Diesen besonders. Und Antoni hasst sie auch.

Erschöpft fällt sie auf eine Bank und schließt die Augen. Wie konnte das passieren? Sie haben doch beide an ihre Liebe geglaubt. Und nun ist sie einfach auf der Strecke geblieben. Irgendwo auf diesen zweihundert Kilometern zwischen ihm und ihr.

Sie schaut nicht auf, als sich jemand neben sie setzt.
Niemand soll ihre verweinten Augen sehen. «Ich hatte
solche Sehnsucht», sagt plötzlich eine Stimme neben ihr.

Lilja traut ihren Ohren nicht. Und sie traut sich auch nicht, die Augen zu öffnen. Das kann nicht Antoni sein. Sie hat Halluzinationen, so schlimm steht es schon um sie.

«Ich wollte dich überraschen», sagt die Stimme.

Lilja hebt langsam den Kopf.
Sie kennt diese Augen.
Sie kennt dieses Grinsen, kennt es nur zu gut.

Und Lilja *ist* überrascht.
Ihr Herz könnte vor Freude zerspringen.

«Aber du warst ja nicht zu Hause», sagt Antoni und versetzt ihr einen liebevollen Stoß mit der Nase.
«Jetzt bin ich zu Hause», sagt Lilja und kuschelt sich in seinen Arm.

Amelie Fichte wurde 1973 in einem regnerischen Teil Deutschlands geboren, wo es leider nur sehr wenige Schafe gab. Sie hat Literatur studiert und hält sich mit Schreiben und Übersetzen über Wasser. Ihre Liebe zu Schafen entdeckte sie vor vielen Jahren in Mecklenburg, wo sich bis heute die Herde ihres Vertrauens befindet.

Volker Sponholz erblickte 1966 in Hannover das Licht der Welt, doch Schafe kreuzten erst in Schleswig-Holstein seinen Weg. Dort studierte er Kunst und verdient sich heute seine Brötchen mit allen Spielarten der Zeichnerei. Seit seiner Begegnung mit Amelie Fichte sieht er überall Schafe und zeichnet sie täglich.

Originalausgabe
Veröffentlicht im Rowohlt Taschenbuch Verlag,
Reinbek bei Hamburg, November 2008
Copyright © 2008 by Rowohlt Verlag GmbH,
Reinbek bei Hamburg
Umschlaggestaltung any.way, Cathrin Günther
(Illustration: Volker Sponholz)
Lithographie Grafische Werkstatt Susanne Kreher, Hamburg
Satz Dolly PostScript (InDesign)
Gesamtherstellung CPI – Clausen & Bosse, Leck
Printed in Germany
ISBN 978 3 499 24869 6